RÉSUMÉ D'UNE CONFÉRENCE

FAITE AU CONGRÈS DES ARCHITECTES FRANÇAIS

DE 1886

L'ARCHITECTURE CHALDÉENNE

ET

LES DÉCOUVERTES DE M. DE SARZEC

PAR

M. Léon HEUZEY

Membre de l'Institut, Conservateur des Antiquités Orientales.

PARIS
IMPRIMERIE ET LIBRAIRIE CENTRALES DES CHEMINS DE FER
IMPRIMERIE CHAIX
SOCIÉTÉ ANONYME AU CAPITAL DE SIX MILLIONS
Rue Bergère, 20
1887

RÉSUMÉ D'UNE CONFÉRENCE

FAITE AU CONGRÈS DES ARCHITECTES FRANÇAIS

DE 1886

L'ARCHITECTURE CHALDÉENNE

ET

LES DÉCOUVERTES DE M. DE SARZEC

PAR

M. Léon HEUZEY

Membre de l'Institut, Conservateur des Antiquités Orientales.

PARIS
IMPRIMERIE ET LIBRAIRIE CENTRALES DES CHEMINS DE FER
IMPRIMERIE CHAIX
SOCIÉTÉ ANONYME AU CAPITAL DE SIX MILLIONS
Rue Bergère, 20
1887

L'ARCHITECTURE CHALDÉENNE

ET

LES DÉCOUVERTES DE M. DE SARZEC

RÉSUMÉ
D'UNE CONFÉRENCE

FAITE AU CONGRÈS DES ARCHITECTES FRANÇAIS

DE 1886

L'ARCHITECTURE CHALDÉENNE

ET

LES DÉCOUVERTES DE M. DE SARZEC

PAR

M. Léon HEUZEY

Membre de l'Institut, Conservateur des Antiquités Orientales.

PARIS

IMPRIMERIE ET LIBRAIRIE CENTRALES DES CHEMINS DE FER

IMPRIMERIE CHAIX

SOCIÉTÉ ANONYME AU CAPITAL DE SIX MILLIONS

Rue Bergère, 20

1887

L'ARCHITECTURE CHALDÉENNE

ET

LES DÉCOUVERTES DE M. DE SARZEC

PAR

M. Léon HEUZEY

Membre de l'Institut, Conservateur des Antiquités Orientales.

MESSIEURS,

Les archéologues doivent toujours avoir grande peur de parler d'architecture devant les architectes. Pour moi, j'ai aujourd'hui plus que jamais cette peur-là. Je professe que, pour les archéologues, le commencement de la sagesse, *initium sapientiæ*, c'est la crainte des architectes! Il ne saurait être question, bien entendu, que de cette crainte, faite de respect et de sympathie, que l'on éprouve devant des juges et devant des maîtres.

Aussi, Messieurs, n'attendez pas de moi que je cherche à vous exposer des théories savantes sur le grand art que vous pratiquez. C'est là un domaine qui vous est réservé, un domaine où seuls peuvent pénétrer avec vous des artistes tels que celui qui vous parlait hier à cette place, des maîtres qui, après avoir profondément médité sur tous les arts, ont réalisé dans leur propre carrière l'idéal de l'*unité de l'art* (1).

L'auteur aborde, après ces quelques mots, le sujet de sa conférence, dont voici le résumé, rédigé par lui-même :

M. Heuzey se propose de faire connaître pour la première fois l'ensemble des faits architectoniques que nous ont révélés depuis peu les fouilles entreprises dans la Basse-Chaldée.

---

(1) M. Eugène Guillaume, statuaire, à propos de sa précédente conférence sur l'*Unité de l'art*.

Un de nos consuls, M. de Sarzec, qui mérite de voir son nom placé à côté de celui de Botta, a fait sortir des sables du désert, au lieu dit *Tello*, toute une antique cité chaldéenne, dont l'emplacement même était inconnu. M. de Longpérier, peu de temps avant sa mort, n'hésitait pas à saluer cette découverte comme la plus grande découverte archéologique de notre temps. En effet, elle nous reporte beaucoup plus haut que l'antiquité assyrienne, au delà du vingtième siècle, peut-être même du trentième siècle avant notre ère, au berceau même de l'art et de la civilisation en Asie (1).

Dépositaire des notes de M. de Sarzec, M. Heuzey avait seul qualité pour présenter la relation authentique de ces importants résultats. Si d'autres en ont parlé jusqu'ici, ils n'ont pu le faire que d'après le grand ouvrage intitulé : *Découvertes en Chaldée*, dont il dirige la publication et dont il offre la première livraison à la Société Centrale des Architectes (2). Pour lui, il se propose uniquement d'expliquer et de commenter les plans originaux et encore inédits, dressés sur les levés mêmes de l'auteur des fouilles. Ces plans, exécutés à grande échelle par les soins de M. Paul Murcier, élève de M. Daumet, sont placés sous les yeux des assistants.

Le nom de M. de Sarzec doit dominer toute la communication.

J

LE PALAIS DE TELLO

Le principal édifice des ruines de Tello, porté par un soubassement de briques crues, qui s'élève de douze mètres au-dessus de la plaine, est évidemment un palais, la résidence des anciens chefs de la contrée.

Ces chefs n'étaient pas des rois : ce n'est qu'à une époque beaucoup plus ancienne et tout à fait primitive qu'il est question de rois dans les inscriptions de Tello (3). Les *patési*, comme on les appelait,

---

(1) Ce sont les fouilles dont il a déjà été question l'année précédente dans une conférence de M. Ledrain.

(2) Cette livraison date de 1884. Voir aussi la lettre de M. de Sarzec publiée par M. Heuzey, dans *la Revue archéologique* de novembre 1881, et les observations sur la sculpture chaldéenne qui l'accompagnent.

(3) C'est ce que M. Heuzey a établi dans un article de *la Revue archéologique* de novembre 1882, intitulé : *Les rois de Tello et la période archaïque de l'art chaldéen*.

paraissent avoir été plutôt les chefs naturels de la classe sacerdotale et savante des *Chaldéens*. Aussi ne faut-il pas s'étonner que leurs statues de diorite, œuvres d'un art déjà puissant, les représentent comme des architectes, tenant sur leurs genoux la tablette d'argile, le poinçon à dessiner ou à écrire et la règle à réductions (1).

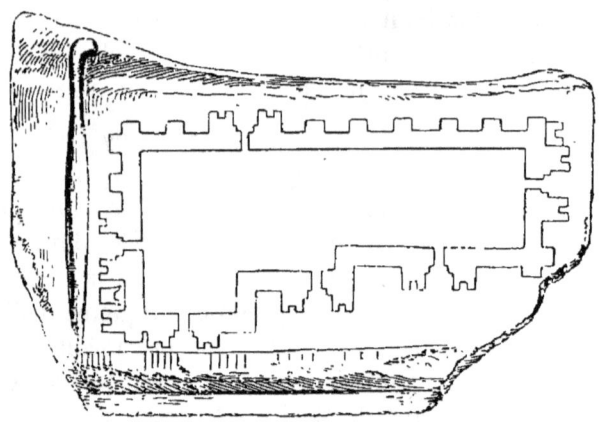

Fig. 1. — Tablette avec plan gravé, placée sur les genoux d'une statue.

Sur une de ces tablettes on voit même un plan tout tracé ; toutefois ce plan n'a rien de commun avec celui du palais, et représente évidemment une fortification.

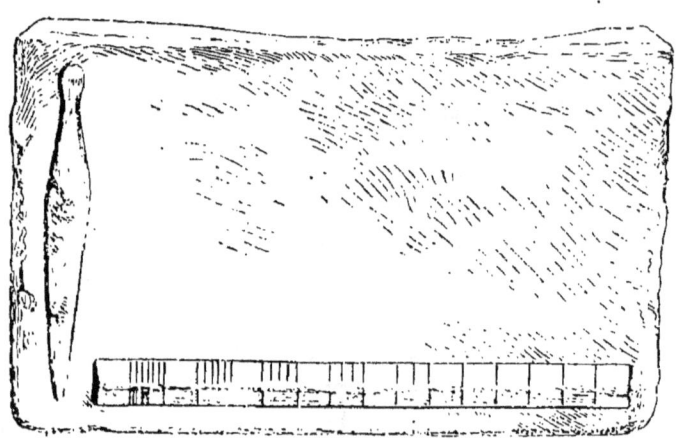

Fig. 2. — Tablette avec règle graduée, placée sur les genoux d'une statue.

(1) L'auteur offre à la Société un moulage restauré de cette règle graduée des anciens Chaldéens. Quant aux statues, la plus intéressante a été reproduite dans le *Bulletin des Conférences* de 1885 : c'est la statue de Goudéa dont le moulage a, depuis peu, été offert à la Société Centrale par MM. de Ronchaud et Heuzey, au nom du Musée du Louvre. Longueur réelle de la règle 0,27.

Ces insignes du travail nous montrent que les *patési* furent en réalité les grands conducteurs des travaux par lesquels l'ancienne civilisation chaldéenne s'efforça de faire la première application des sciences à la vie pratique. Tel nous devons nous figurer surtout le patési *Goudéa*, dont le nom se retrouve sur la plupart des briques de Tello et particulièrement sur celles du palais.

On a pour la première fois sous les yeux le plan d'un grand édifice chaldéen servant à l'habitation. Celui-ci, dont la disposition se rapproche d'un parallélogramme de 54 mètres de long sur 31 de profondeur, n'a pas les dimensions extraordinaires des palais assyriens. L'appareil des briques cuites, à joints de bitume, est des plus simples ; il ne porte aucune trace d'enduits peints ni de revêtements sculptés : la nudité de la construction ne pouvait être dissimulée que par des lambris ou par des tentures (1). Le grand intérêt est de retrouver, dans cette simplicité et dans ces proportions moyennes, les mêmes dispositions générales qui se développeront plus tard avec magnificence dans les immenses palais de l'Assyrie.

Les quarante-six chambres ou salles de l'édifice de Tello sont groupées autour de trois cours d'inégale dimension (2), de manière à former trois divisions distinctes, qui répondent aux trois divisions normales de toute habitation en Orient : le *harem* ou habitation privée, le *sélamlik* ou partie destinée aux réceptions, puis la partie commune pour les services généraux du palais. A ces dispositions s'ajoutent certains traits originaux dont M. Heuzey s'applique à montrer l'importance pour l'étude archéologique de l'édifice.

Les deux grandes façades, au lieu d'être droites et rigoureusement parallèles, présentent vers le centre une légère saillie. Elles forment un angle très obtus, presque insensible à l'œil, mais destiné sans doute à augmenter l'assiette de ces longues murailles, dont les fondations ne portaient que sur des couches artificielles de briques crues.

La décoration extérieure, tout à fait conforme aux traditions les plus antiques de l'architecture chaldéo-assyrienne, consiste en groupes alternants de pilastres à ressauts et de saillies demi-cylindriques, ces dernières rappelant l'emploi des bois de grume ou tout

---

(1) La sculpture, déjà très avancée, produisait des statues, des statuettes de toute dimension, des figures d'animaux, des bassins et autres ustensiles décorés de reliefs; mais cette décoration ne paraît pas encore s'être appliquée, comme en Assyrie, aux murailles mêmes des palais.

(2) Les cours A, B, C du plan (fig. 3).

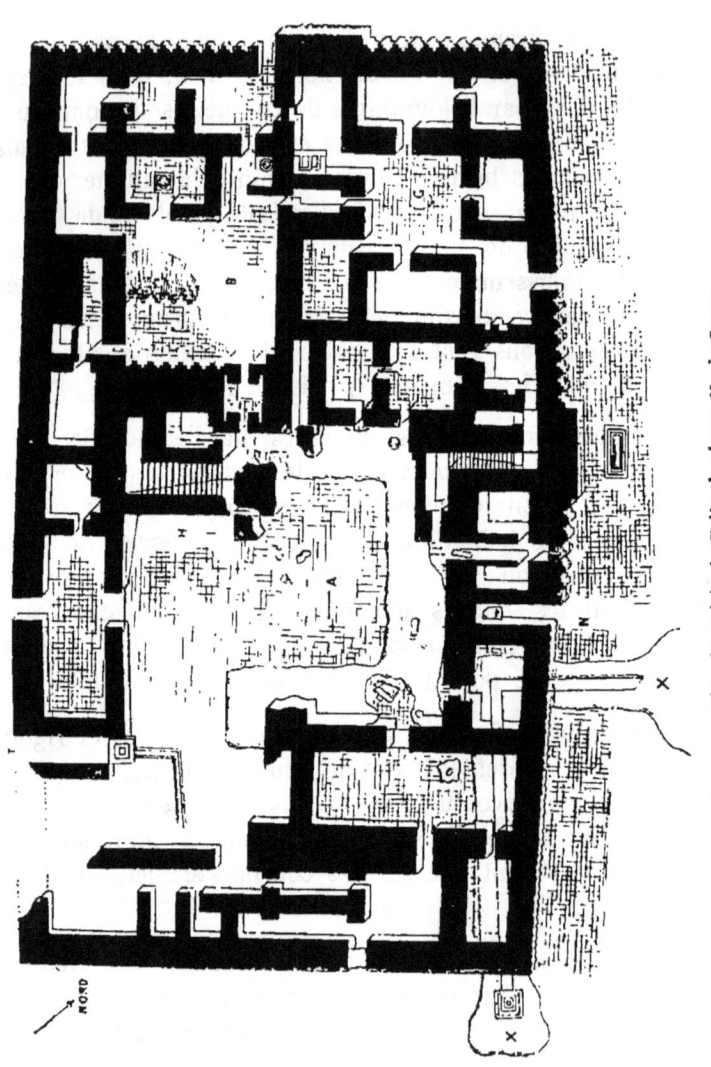

Fig. 3. — Plan du palais de Tello, levé par M. de Sarzec.

au moins des troncs de palmier dans les constructions primitives. Seulement la répartition de ces ornements rudimentaires est inégale : contrairement à toute symétrie, elle ne s'étend qu'à deux façades contiguës, une grande et une petite. Il est vrai que ces deux façades devaient être, comme le montre M. Heuzey, la façade principale du palais et celle des appartements privés.

Un autre trait curieux, bien oriental et bien antique, est l'emploi des fausses entrées ou *rentrants*, longs couloirs sans issue, pratiqués dans les murailles extérieures (1), probablement pour servir de refuges contre le terrible soleil de ces contrées et pour assurer, même aux voyageurs de passage, ce que M. Heuzey appelle « l'hospitalité de l'ombre. »

Il y a toutefois dans ce plan certaines difficultés qu'il convient de ne pas dissimuler.

Ce n'en est pas une sérieuse que de rencontrer, à côté des briques de Goudéa, quelques briques gréco-araméennes d'un chef local nommé *Adadnadinachès*, évidemment postérieur à l'époque d'Alexandre : car l'emploi de ces briques est limité à des remaniements de basse époque, comme une porte bouchée et un vestibule rajouté, qui prouvent au contraire l'antériorité du reste. On ne saurait s'étonner non plus de retrouver sous les fondations des vestiges de murs construits par le patési *Our-Baou*, qui paraît avoir été plus ancien que Goudéa (2).

L'embarras est plus grand pour raccorder aux autres parties du plan, vers le centre de l'édifice, une construction à étages (3), sorte de tour carrée, dont les briques portent le nom de Goudéa et dont la terrasse inférieure s'enfonce cependant au-dessous des fondations du palais, dans la profondeur du massif de briques crues (4). C'est là une anomalie grave, qui pourrait faire croire que cette partie (la seule qui remonterait alors à Goudéa), aurait servi de noyau et de point d'appui pour surélever et développer les fondations d'un palais plus récent. M. Heuzey ne croit pas, jusqu'à plus ample informé, que ces raisons soient de nature à prévaloir contre les faits qui, sur d'autres points, attestent l'unité et l'antiquité du palais de Tello. Le constructeur a très bien pu étendre lui-même, en le modifiant, son plan primitif et englober dans sa demeure une construction à

---

(1) Voir les lettres N et T du plan.
(2) Ces murs sont indiqués sur le plan, en XX.
(3) Lettre H du plan.
(4) Voir la fouille figurée dans la cour B.

étages, antérieurement commencée par lui à un niveau moins élevé. Du reste, la continuation des fouilles donnera seule la solution de cet important problème.

II

COLONNES ET PILIERS DE BRIQUES

Ce qui semblait manquer aux constructions massives de cette époque reculée, c'était la connaissance et l'emploi des supports. Une découverte faite par notre consul, non dans le palais de Tello, mais dans une autre partie de la ville et des ruines, apporte sur ce point des faits d'une grande nouveauté pour l'histoire de l'architecture.

Il est aujourd'hui hors de doute que les architectes chaldéens avaient déjà trouvé et mis en œuvre tous les éléments de la colonne et du pilier, et cela par le seul emploi de la brique. Sur l'un des plans de détail placé sous les yeux de la Société, on peut étudier l'appareil d'un remarquable pilier chaldéen, composé en réalité de quatre colonnes circulaires assemblées. M. Heuzey a pris au Louvre les dispositions nécessaires pour rétablir un spécimen de cet antique support, formé de briques rondes, triangulaires ou échancrées, dont l'assemblage est une véritable œuvre de maîtrise. L'ensemble était recouvert extérieurement d'un épais enduit de plâtre, qui en épousait la quadruple saillie.

On pense à certains piliers de nos églises du moyen âge et surtout à certaines colonnes de l'ordre végétal égyptien, imitant un faisceau de quatre tiges de lotus. Prises séparément, ces quatre colonnes de briques étaient construites d'après le principe de l'alternance des joints ; mais, dans leur réunion, elles péchaient par l'indépendance du noyau commun, qui ne les reliait peut-être pas suffisamment l'une à l'autre. C'est probablement ce qui força plus tard les architectes du pays à consolider les antiques piliers de Tello, en les enveloppant dans une gaine quadrangulaire de maçonnerie, dont M. de Sarzec a retrouvé la trace.

Les fouilles ont mis à découvert deux de ces piliers exactement pareils et construits sur le même modèle. Ils sont distants l'un de l'autre de deux mètres et précédés par un large perron de pierre, formé d'un double degré, ce qui semble bien indiquer une entrée monumentale.

Fig. 4. — Plan de l'un des piliers, levé par M. de Sarzec.

M. Heuzey, en comparant entre elles les briques multiformes des piliers, y a découvert un fait important : il a constaté qu'elles présentaient toutes la même inscription que les briques du palais, avec le nom de Goudéa, mais avec deux cases complémentaires, relatives à une construction nouvelle et distincte. Sur sa demande, M. Ledrain, conservateur-adjoint des antiquités orientales, ayant déchiffré cette désignation, reconnut qu'elle se rapportait à un *lieu de jugement*, c'est-à-dire à un *tribunal*. Or, une indication semblable avait été lue aussi par M. Amiaud sur les statues de Goudéa. Il est dit, en outre, que le tribunal était établi dans le temple du grand dieu local, *Nin-Ghirsou*, et qu'il était en bois de cèdre (1). Ce dernier détail, qui résulte d'une lecture de M. Amiaud, se trouve curieusement confirmé par des fragments de cèdre recueillis dans les fouilles. Il faut en conclure que, si les deux piliers de briques n'appartenaient pas au tribunal même, ils devaient au moins précéder l'entrée du temple, dans lequel était établi le tribunal.

La position du célèbre sanctuaire, restée incertaine et souvent con-

---

(1) D'après une interprétation plus récente, il s'agirait même ici d'*oracles* et non de *jugements* proprement dits.

fondue avec celle du palais, se trouve ainsi fixée avec beaucoup de probabilité.

M. Heuzey relève ici de curieux rapprochements qui se présentent avec l'architecture hébraïque. Si les deux piliers étaient réellement isolés et placés à l'entrée du sanctuaire chaldéen, on pourrait les comparer aux deux fameuses colonnes libres, nommées *iakhin* et *boâz*, qui précédaient le vestibule du temple de Salomon. Le *tribunal* ou *lieu de jugement* de Goudéa rappelle aussi à certains égards le *portique du jugement*, lambrissé de cèdre, établi par Salomon, non pas, il est vrai, dans le temple, mais dans son propre palais (1).

On voit par ces détails que la continuation des fouilles entreprises par M. de Sarzec promet des solutions d'un grand intérêt pour l'histoire de l'antique architecture orientale. Les résultats qu'il prévoit avec certitude et qu'il a préparés par quatre campagnes successives doivent encore dépasser ceux qu'il a obtenus. M. Heuzey termine sa conférence en déplorant les difficultés et les retards que l'administration ottomane a opposés jusqu'ici à la continuation des fouilles inaugurées par la France. Il serait surtout regrettable et souverainement injuste que d'autres explorateurs, profitant de ces lenteurs, vinssent se substituer au premier auteur de la découverte pour lui ravir le fruit de ses travaux. Aucune nation étrangère, il faut l'espérer, ne voudra jouer un pareil rôle. M. Heuzey fait un chaleureux appel à la Société Centrale des Architectes, afin qu'elle prête son appui aux démarches qui se poursuivent pour triompher des difficultés présentes.

---

(1) Voir la Bible, *Rois* III, vii, 21 et 7.

www.ingramcontent.com/pod-product-compliance
Lightning Source LLC
Chambersburg PA
CBHW071426060426
42450CB00009BA/2039